AF381032

LA BATAILLE DE LÉPANTE

L'expansion ottomane mise à mal par les chrétiens

Par Gauthier Godart
Sous la direction de Romain Parmentier

50MINUTES.fr

LA BATAILLE DE LÉPANTE

INTRODUCTION

Le 7 octobre 1571, au large du port de Lépante, deux gigantesques flottes se font face. D'un côté se trouvent les navires de la Sainte Ligue, alliance récente et relativement fragile des États pontificaux, de l'Espagne et de la République de Venise ; de l'autre, l'immense et redoutable flotte ottomane.

Cette rencontre est l'une des conséquences de la montée de la violence faite à l'encontre des chrétiens. Excédés par les agressions répétées de la flotte ottomane et surtout par la prise, un an plus tôt, de l'île de Chypre, qui appartenait alors à la République de Venise, ceux-ci décident de s'attaquer à l'Empire ottoman. Cependant, les chrétiens ne se montrent pas très confiants, et ce à juste titre : les hommes qui leur font face sont des combattants aguerris, qui ont depuis longtemps démontré leur efficacité en mer.

Lorsque, à midi, les chrétiens hissent sur ordre du grand amiral don Juan d'Autriche l'étendard de la Sainte Ligue et que l'on plie les genoux pour la prière du côté musulman, les tensions se font sentir. Conscients de leur écrasante supériorité numérique et rendus confiants par leurs nombreux succès lors de combats en mer, l'amiral Ali Pacha (mort en 1571) et ses hommes se réjouissent d'avance de la victoire.

Pourtant, la bataille navale, qui restera l'une des plus grandes de l'histoire, se conclut d'une manière qui déjoue tous les pronostics : au bout de quelques heures de combat acharné, les Ottomans sont à leur grande surprise mis en déroute. Leur flotte est anéantie, et les chrétiens, dans un mélange de surprise et de soulagement, fêtent leur victoire.

DONNÉES-CLÉS

- **Quand ?** Le 7 octobre 1571
- **Où ?** Dans le golfe de Patras, près de Lépante (aujourd'hui Naupacte en Grèce)
- **Contexte ?** L'affrontement opposant l'Occident chrétien à l'Empire ottoman tout au long du XVIe siècle

- **Belligérants ?** La Sainte Ligue composée de l'Espagne (et de ses possessions italiennes, à savoir Naples et la Sicile), de la République de Venise et des États pontificaux, contre l'Empire ottoman
- **Acteurs principaux ?**
  - don Juan d'Autriche, grand amiral chargé du commandement suprême de la flotte occidentale (1545-1578)
  - Uludj Ali, amiral chargé de l'aile gauche de la flotte ottomane (1520-1587)
- **Issue ?** Victoire de la Sainte Ligue
- **Victimes ?**
  - Camp occidental : environ 7 500 morts et 20 000 blessés
  - Camp ottoman : environ 30 000 morts et blessés, et 3 500 prisonniers

CONTEXTE POLITIQUE ET SOCIAL

LA LUTTE POUR LE CONTRÔLE DE LA MÉDITERRANÉE

Depuis qu'ils sont parvenus à arracher Constantinople aux Byzantins en 1453, provoquant de ce fait la chute de l'Empire romain d'Orient, les Turcs n'ont de cesse d'étendre leur territoire en Europe orientale, mais aussi dans le bassin méditerranéen. Non contents d'en contrôler la majeure partie des côtes africaines et d'être en bonne passe d'en devenir les maîtres du côté oriental, ils s'orientent de plus en plus régulièrement vers la Méditerranée occidentale.

En effet, depuis le début du XVIe siècle, les Turcs multiplient, au grand déplaisir du royaume d'Espagne, les razzias sur les côtes italiennes et espagnoles. Après avoir pillé les villes et villages côtiers, ils repartent forts de nouvelles richesses et d'un tribut humain destiné à l'esclavage ou au rançonnement. De nombreux pays se sentent dès lors menacés par cet empire qui ne cesse de gagner du terrain.

L'Espagne, qui subit depuis longtemps des attaques, fait une première tentative pour ralentir l'avancée de l'Empire ottoman quelque temps après l'abdication de l'empereur germanique Charles Quint (1500-1558). Il est alors décidé que le territoire, les possessions italiennes et les Pays-Bas échoient à son fils, Philippe II (1527-1598), tandis que le titre impérial revient, deux ans plus tard, au frère de Charles Quint, Ferdinand Ier de Habsbourg (archiduc d'Autriche, roi de Hongrie et de Bohême, 1503-1564). Soucieux de suivre la même voie que son père, Philippe II devient rapidement le nouveau représentant de la catholicité. Pour le prouver, il s'engage sur deux fronts :

- au nord, dans les Pays-Bas espagnols qui sont secoués par la réforme protestante,
- et dans la Méditerranée, sans cesse harcelée par les Ottomans.

Or, le gigantesque Empire ottoman est alors ébranlé par une grave crise de succession. Soliman Ier, dit « le Magnifique » (1494-1566), grand conquérant considéré comme l'un des plus éminents princes du XVIe siècle, a plusieurs héritiers potentiels. Comme il n'existe aucune loi visant à établir un ordre de succession, les fils du sultan, incapables de s'entendre, se querellent pour l'obtention de l'empire.

Philippe II, averti de cette crise, décide de profiter de l'affaiblissement relatif de l'ennemi pour frapper. En 1559, il envoie donc une flotte en direction de l'île de Djerba, qui est sous son contrôle et qui, par sa position au large des côtes nord-africaines, constitue un excellent point de départ pour une offensive contre « l'ennemi musulman » et pour récupérer la ville de Tripoli, alors tombée aux mains des Ottomans. Mais cette attaque n'aura pas le temps de voir le jour : le 12 mai 1560, la flotte de Soliman Ier attaque les Espagnols et les anéantit.

L'humiliation est cuisante et suscite un désir de revanche. C'est pourquoi, à partir de 1561, les chantiers navals se multiplient sur les côtes espagnoles et italiennes : il s'agit désormais de constituer une flotte qui puisse impressionner les Turcs et les mettre à mal.

LA PRISE DE CHYPRE, L'ÉLÉMENT DÉCLENCHEUR DE LA BATAILLE

Le 8 septembre 1566, le grand Soliman meurt et son fils Selim II, dit « l'Ivrogne » (1524-1574), qui est parvenu à évincer ses frères, lui succède à la tête de l'Empire ottoman. Le nouveau souverain n'a pas vraiment l'envergure de son père et ne semble pas chercher la confrontation, ce qui pourrait laisser présager un certain apaisement : il conclut d'ailleurs un traité de paix avec l'Autriche en 1568. Mais si Selim II n'a pas les épaules de son père, il désire néanmoins s'imposer comme son digne successeur. Dans cette optique, il renforce sa flotte et mûrit secrètement le projet d'attaquer Chypre.

Occupée par la Sérénissime République de Venise, Chypre constitue en effet, outre un important relais commercial, un des derniers grands bastions occidentaux dans la Méditerranée orientale. Les Ottomans y débarquent donc en force le 1er juillet 1570 et s'emparent en peu de temps de sa capitale, Nicosie. Une fois l'île conquise (à l'exception du port de Famagouste, qui ne tombera qu'après plus d'un an de résistance), l'envahisseur décide de s'orienter vers l'ouest et fait voile successivement vers la Crète et les côtes adriatiques, également contrôlées par Venise.

Aussi fière que puissante, la Sérénissime République de Venise défend jalousement son indépendance depuis un demi-millénaire quand les Ottomans attaquent Chypre.

D'abord dominée par l'Empire byzantin, elle parvient à s'en affranchir dès le IXe siècle, mais ne rompt pas totalement avec son ancien maître. Elle l'aide au contraire régulièrement à se défendre contre divers agresseurs (invasions arabes, normandes, etc.). En procédant de la sorte, elle obtient de nombreux privilèges, dont celui de pouvoir établir des comptoirs commerciaux sur les côtes de l'empire, lui conférant une place de choix dans les échanges entre l'Orient et l'Occident.

Au cours des siècles qui suivent, elle ne cesse d'étendre son pouvoir, pour finir par constituer un véritable empire maritime.

Ainsi, à l'époque qui nous occupe, elle contrôle encore de nombreux comptoirs commerciaux le long des côtes de la mer Adriatique et de la mer Méditerranée, ainsi qu'une partie du Nord-Est de l'Italie.

LE PAPE PIE V ET LA SAINTE LIGUE

Face à l'invasion de Chypre qui est perçue comme une nouvelle provocation, la réaction occidentale ne se fait pas attendre et trouve son initiateur en la personne du pape Pie V (1504-1572). Désirant secourir les Vénitiens et, surtout, motiver une véritable croisade contre l'Empire ottoman, il déploie dès 1570 un vaste programme diplomatique essentiellement orienté vers l'Espagne et la République de Venise.

La tâche est cependant bien ardue. En Espagne, Philippe II se montre peu soucieux de voler au secours de Venise, qu'il juge trop proche des infidèles musulmans avec qui elle fait du commerce. Toutefois, il a encore à l'esprit la défaite de 1560, et l'idée d'une offensive de grande ampleur contre l'Empire ottoman n'est pas pour lui déplaire. Il finit donc par céder face à l'insistance du pape.

Mais les hésitations viennent surtout des Vénitiens eux-mêmes. Tirant toute leur puissance du contrôle qu'ils exercent sur le commerce entre l'Orient et l'Occident, ils se montrent en effet peu enclins à s'opposer aux Ottomans, alors même que ces derniers viennent de leur arracher Chypre.

Il faut donc attendre le 25 mai 1571 (soit près d'un an) pour qu'une alliance soit finalement formée sous le nom de Sainte Ligue. Par celle-ci, l'Espagne, la République de Venise et les États pontificaux s'engagent à fournir, chaque année, 200 galères pour combattre l'Empire ottoman. Le commandement suprême de la flotte ainsi constituée est confié au demi-frère de Philippe II, don Juan d'Autriche.

ACTEURS PRINCIPAUX

DON JUAN D'AUTRICHE, GRAND AMIRAL ESPAGNOL

Né vers 1545 de l'union illégitime de Charles Quint et de Barbara Blomberg (1527-1597), don Juan d'Autriche, infant espagnol qui porte alors le prénom de Jérôme, est élevé à l'écart de la cour, dans le plus grand secret.

Ce n'est qu'à l'âge de 11 ans qu'il rencontre pour la première fois son père, qui vient d'abdiquer en faveur de son fils légitime, Philippe II. Respectant par là la volonté de Charles Quint, ce dernier reçoit Jérôme à la cour d'Espagne, lui réservant un accueil digne d'un frère de sang, et lui attribue son nouveau nom : don Juan d'Autriche.

Destiné à une carrière religieuse, le jeune homme s'y refuse et exprime à plusieurs reprises le désir de s'illustrer dans l'armée. Son demi-frère lui donne alors l'occasion de faire ses preuves, et le charge, en 1568, d'aller combattre, en Méditerranée, les pirates barbaresques (issus des terres situées au Nord-Ouest de l'Afrique), alliés des Ottomans.

Ayant accompli sa mission avec succès, il est chargé, l'année suivante, de mater la révolte des Morisques, qui dure depuis 1568. Ces musulmans restés en Espagne suite à la *Reconquista* et qui ont été convertis officiellement et souvent de force au catholicisme s'insurgent en effet avec violence contre les différentes mesures prises à leur encontre par Philippe II et, avant lui, par Charles Quint (expulsions massives, interdiction de montrer leur appartenance religieuse, etc.). Don Juan en vient à bout en 1570 et, grâce à ce succès et à la popularité qu'il en retire, est ensuite appelé à commander la flotte de la Sainte Ligue, rôle qu'il assume pleinement et qui constitue l'apogée de sa carrière militaire.

À Lépante, le 7 octobre 1571, il se montre excellent meneur d'hommes : il passe plus d'une heure à motiver ses soldats avant d'engager les combats. Il s'efforce également de maintenir chez eux un climat de ferveur et leur rappelle qu'ils sont là par la volonté de Dieu, ainsi que pour la cause la plus honorable qui soit : la défense de la chrétienté. Pendant le combat, il n'hésite pas à donner de sa personne. On le voit investir le vaisseau amiral de la flotte ennemie et, après un combat acharné, en venir à bout. Le grand amiral ottoman Ali Pacha est vaincu et, selon la légende, don Juan fait exposer sa tête au bout du mât de la *Réale* (la galère amirale de la Sainte Ligue), provoquant par-là la terreur des Ottomans et la liesse des chrétiens. Au bout de quelques heures d'un combat d'une rare violence, l'infant espagnol remporte la victoire.

Non content de celle-ci, don Juan aimerait poursuivre ses exploits en tentant la reconquête de Constantinople et de Jérusalem, mais Philippe II refuse. Ce dernier est davantage préoccupé par la rébellion protestante qui secoue le nord et décide donc de nommer son demi-frère gouverneur des Pays-Bas, avec mission d'y mettre un terme. Ce sera son dernier combat : il meurt du typhus à Namur (Belgique), le 1er octobre 1578.

ULUDJ (OU ULUÇ) ALI, AMIRAL OTTOMAN

Uludj Ali est né en Calabre en 1520, sous le nom de Giovanni Dionigi Galeni. Jeune homme de basse extraction, il est enlevé à l'âge de 16 ans

par un des capitaines du fameux corsaire bar-
baresque Barberousse.

D'abord esclave sur la galère de son ravisseur, il se convertit à l'islam, parvient rapidement à monter en grade et, après quelques années, arme sa première frégate pour devenir corsaire à son tour. Fin marin, il lui suffit de quelques années pour être considéré comme l'un des corsaires les plus audacieux de la Méditerranée.

Gouverneur de Tripoli en 1565, il devient gouverneur général d'Alger trois ans plus tard et est désigné, en 1571, pour diriger l'aile gauche de la flotte ottomane à Lépante. Pendant la bataille, il tente de prendre le large pour attaquer à revers la flotte ennemie, mais l'amiral génois Giovanni Andrea Doria (1539-1606), qui lui fait face, prend la même initiative et gêne son mouvement. Le corsaire musulman crée cependant la surprise en ordonnant à son escadre de faire volte-face pour s'engouffrer dans la brèche ouverte par le mouvement de Giovanni Andrea Doria. Il parvient à intercepter plusieurs bâtiments isolés, mais les renforts chrétiens arrivent rapidement. Sentant l'étau se refermer sur lui, le corsaire prend la fuite avec ce qu'il reste de sa flotte, devenant en quelque sorte le seul Ottoman à sortir victorieux de Lépante.

Dès le 24 octobre, le sultan Selim II est averti du désastre. Conscient que, sans la bravoure et l'expérience d'Uludj Ali, la situation aurait été pire encore, il décide de le nommer grand amiral de la flotte ottomane. C'est donc couvert d'honneurs que l'ancien corsaire ressort de la bataille. Il meurt le 21 juin 1587.

ANALYSE DE LA BATAILLE

La bataille de Lépante

AVANT LA BATAILLE : TENSIONS CHRÉTIENNES...

Le 24 août 1571, la flotte de la Sainte Ligue se rassemble à Messine (Nord-Est de la Sicile). La réunion ne se déroule pas sans mal : les Espagnols n'éprouvent que du mépris pour les Vénitiens et ceux-ci le leur rendent bien. D'un côté, le jeune prince don Juan, en qualité de commandant suprême de la flotte, entend asseoir son autorité ; de l'autre, l'amiral vénitien Sebastiano Veniero (1496-1578) supporte difficilement de devoir obéir à un jeune homme inexpérimenté. La situation ne s'améliore pas quand le premier, doutant des qualités de navigateurs et de combattants des Vénitiens, impose au second d'accueillir sur ses bâtiments un contingent d'Espagnols.

Si Sebastiano Veniero a du tempérament, don Juan ne fait rien pour arranger les choses. Il fait ainsi régulièrement inspecter les galères vénitiennes, ce que les Vénitiens considèrent comme une insulte. La situation s'envenime le 2 octobre : alors que la flotte mouille près de Corfou, Sebastiano Veniero doit intervenir sur l'une de ses galères, car son équipage et les hommes imposés par don Juan s'entre-tuent. Il envoie un homme de confiance pour éclaircir la situation, mais celui-ci est blessé par un capitaine espagnol. Sebastiano Veniero réagit alors avec fermeté et fait pendre ce dernier.

Lorsqu'il l'apprend, don Juan est furieux et émet le désir de faire pendre à son tour l'amiral vénitien pour avoir pris une telle initiative sans son consentement. Si les choses en restent finalement là, la rupture entre Vénitiens et Espagnols est, quant à elle, clairement consommée.

... ET DÉFECTIONS MUSULMANES

De leur côté, les musulmans connaissent d'autres types de problèmes. Leur flotte est en campagne depuis la prise de Chypre, soit depuis plus d'un an. Les hommes sont donc éreintés, malades, parfois blessés, et leur moral est au plus bas.

C'est dans ces conditions qu'ils apprennent la nouvelle du rassemblement de la flotte ennemie à Messine. Conscients qu'ils ne peuvent s'y opposer sans prendre un peu de repos et se ravitailler, les Ottomans décident de se retirer dans le port de Lépante. Uludj Ali est alors chargé de débarquer en lieu sûr des centaines de malades et de blessés. Mais ces défections sont accompagnées de nombreuses désertions : les hommes ainsi que leurs capitaines, pensant l'expédition terminée et ne croyant pas à une offensive de la Sainte Ligue, décident de rentrer chez eux. C'est donc une flotte ottomane affaiblie qui devra s'opposer aux chrétiens.

Malgré cela, quand il apprend que la flotte chrétienne fait voile vers Lépante, le grand amiral Ali Pacha refuse d'écouter ceux qui lui conseillent de rester sous le couvert des remparts et de l'artillerie de Lépante, et décide d'aller au-devant de l'ennemi.

UNE RENCONTRE SURPRENANTE

Lorsque les deux flottes se rencontrent au sortir du golfe de Patras (Grèce) au matin du 7 octobre 1571, la surprise est totale pour les deux camps. Les chrétiens pensaient trouver les Ottomans barricadés dans le port de Lépante et ces derniers imaginaient leurs adversaires bien plus loin.

Au total, ce sont 170 000 hommes qui se font face, dont la moitié est composée de rameurs choisis parmi les esclaves ou les condamnés. Ils sont répartis de manière plus ou moins équivalente entre les deux flottes. Les historiens ne s'accordent pas de façon unanime sur le nombre de bâtiments présents, mais on peut avancer ces chiffres :

- la flotte de la Sainte Ligue contient environ 200 galères, six galéasses et 30 naves ;
- la flotte ottomane contient environ 230 galères et 70 galiotes et frégates.

voile et d'une vingtaine de rameurs. Dépourvues d'artillerie, elles servent d'appui aux galères.

- Les galéasses sont de véritables batteries flottantes. Créées à l'origine par les Vénitiens pour le transit de marchandises précieuses entre l'Orient et l'Occident, six d'entre elles sont transformées en bâtiments militaires par les Vénitiens peu après la création de la Sainte Ligue. Celles-ci sont armées d'une trentaine de canons disposés le long des flancs et de centaines d'arquebusiers (arme à feu apparue au début du XVIe siècle, mesurant entre 80 et 130 centimètres, et qui possède une portée d'environ 50 mètres).
- Les naves sont des cargos utilisés par la flotte de la Sainte Ligue.

L'avantage quantitatif va donc aux Ottomans, qui disposent de près de 300 bâtiments de combat, contre à peine plus de 200 du côté chrétien. Mais les galères de la Sainte Ligue sont mieux équipées en artillerie et, avec leurs six galéasses, les chrétiens opposent une extraordinaire puissance de feu aux Ottomans. Cet avantage est renforcé par le fait qu'ils sont également bien mieux équipés en arquebuses, beaucoup plus meurtrières que les arcs à flèches des Turcs. De surcroît, ceux-ci évaluent mal les forces chrétiennes. Les informations de leurs espions indiquent en effet que l'ennemi ne dispose que de 150 galères et ne mentionnent aucunement les galéasses. Aussi envisagent-ils le combat avec confiance, se montrant même moqueurs et provocateurs.

Mais leur assurance s'évanouit subitement lorsque les chrétiens se mettent en ordre de combat :

- au centre se trouve don Juan, avec 62 galères. Par cette position, il parvient à fermer le golfe de Patras, empêchant ainsi toute fuite des Ottomans vers le large ;
- au nord, l'aile gauche est assurée par 53 galères ;
- au sud, l'aile droite, menée par Giovanni Andrea Doria, est assurée par 50 galères.

Les six galéasses, positionnées en avant, sont réparties également entre chacun des fronts, et la trentaine de galères restantes constituent l'arrière-garde. Les Ottomans répondent alors en opposant 56 bâtiments à l'aile gauche chrétienne, 96 à don Juan et 94 à Giovanni Andrea Doria. La soixantaine de bâtiments restants est consacrée à leur arrière-garde.

Une fois les deux flottes en place, le grand amiral ottoman Ali Pacha fait tirer une salve d'artillerie, afin de signifier à don Juan qu'il désire un combat singulier. Celui-ci y répond : la bataille commence.

AU NORD : OUVERTURE DES HOSTILITÉS

C'est au nord que les Ottomans se mesurent pour la première fois aux galéasses vénitiennes. L'aile droite turque avance rapidement sur l'aile gauche chrétienne, mais son mouvement est violemment interrompu par le feu des deux batteries flottantes. L'espace d'un instant, les Turcs sont pétrifiés : ils ne s'attendaient pas à une telle puissance de feu, face à laquelle ils semblent impuissants. Ils se réorganisent toutefois rapidement et tentent avec plus ou moins de succès de passer outre les deux bâtiments meurtriers. Plusieurs de leurs galères sont envoyées par le fond, mais le gros de leurs navires parvient à effectuer la manœuvre. Ils se séparent alors en deux groupes : pendant qu'une partie de leur flotte tente de prendre les chrétiens par le flanc, en longeant les bancs de sable du rivage, l'autre continue à avancer sur eux de front.

Durant un instant, l'aile gauche de la Sainte Ligue se trouve donc en très mauvaise posture. Prise entre deux fronts, elle peine à résister à l'assaut et supporte avec difficulté la pluie de flèches qui s'abat sur elle. D'autant que les galéasses ne lui sont plus d'un grand secours. Dépassées par la flotte turque, elles doivent en effet faire volte-face pour venir au secours des leurs, manœuvre ardue pour ces bâtiments particulièrement lourds. Les chrétiens parviennent toutefois, contre toute attente, à repousser les bâtiments qui tentent de les prendre à revers. Les Ottomans qui les occupent n'ont alors d'autre choix que de rejoindre les terres et fuir. Ceux qui n'y parviennent pas sont taillés en pièces.

Restent alors les bâtiments qui ont conservé leurs positions et font face aux chrétiens. Assistant à la débâcle, ils redoublent d'agressivité. Mais une des galéasses chrétiennes opère une manœuvre de retournement, et une autre ne tarde pas à l'imiter. Les Ottomans se trouvent donc pris entre le gros de l'aile gauche et les deux galéasses. Au prix de pertes importantes, les chrétiens en viennent finalement à bout.

AU CENTRE :
LA RENCONTRE DES CHAMPIONS

Entre-temps, le combat a également touché le centre. Les galéasses sont entrées en action et ont semé le chaos, tant dans la flotte ennemie qu'au nord. Plusieurs galères ottomanes coulent dès les premières salves, d'autres sont obligées de disloquer leur ordonnancement afin de s'écarter des batteries flottantes. Cependant, les bâtiments qui parviennent à en réchapper se rassemblent et font front au centre chrétien, en nette infériorité numérique.

Ici, les combats sont particulièrement acharnés. Les deux flottes se prennent brutalement d'assaut, sans tentatives de contournement : on assiste donc à un choc frontal.

Au cœur de cet enfer se trouvent la galère de don Juan, celle du représentant du pape Pie V et celle de l'amiral Sebastiano Veniero, les champions de la chrétienté. Ali Pacha tente alors de jouer la carte de la surprise. Donnant tout lieu de croire qu'il a l'intention de prendre d'assaut la galère de Sebastiano Veniero, il s'en détourne pourtant au dernier moment pour aller à l'encontre de celle de don Juan. Les deux galères entrent violemment en collision. Les soldats espagnols commencent, sans tarder, à tirer à l'arquebuse, tandis que les Vénitiens de la galère de Sebastiano Veniero, qui a pris d'assaut la poupe (l'arrière) du bâtiment ottoman, partent à l'abordage. Ali Pacha meurt au cours de l'assaut : sa tête est tranchée par un des assaillants.

Tout autour, les combats continuent à faire rage, mais à la vue de l'étendard de la Sainte Ligue désormais hissé sur le vaisseau d'Ali Pacha, nombreux sont les Turcs qui prennent la fuite. La partie n'est cependant pas encore gagnée pour les chrétiens, toujours en sous-effectifs par rapport à l'ennemi. Mais l'arrière-garde arrive et renverse la situation. Au bout de trois heures d'affrontement, les Ottomans sont défaits.

AU SUD : LA STRATÉGIE D'ULUDJ ALI

Pendant qu'au nord et au centre le combat continue, au sud Uludj Ali entreprend de sortir du golfe pour prendre à revers la flotte chrétienne. Voyant cela, Giovanni Andrea Doria, commandant de l'aile droite, prend la même initiative et tente de gêner le corsaire musulman. Les deux galéasses allouées à sa flotte peinent cependant à le suivre. Or, non seulement sa flotte est en nette infériorité numérique par rapport à celle d'Uludj Ali, mais, de surcroît, une partie de celle-ci interprète mal son mouvement et reste en arrière, près du corps de bataille.

Profitant de la confusion, Uludj Ali s'engouffre subitement dans l'espace laissé vide par l'aile droite et prend d'assaut les galères restées en retrait, provoquant un véritable massacre. De là, il reprend l'assaut sur les bâtiments de Giovanni Andrea Doria, qui résistent difficilement, tant le rapport de force est déséquilibré.

Mais les renforts chrétiens arrivent : l'arrière-garde et les galères de don Juan, qui viennent d'en finir avec le gros des forces ottomanes, volent à son secours. Uludj Ali n'a d'autre choix que de fuir avec une trentaine de ses galères. Les Occidentaux les prennent en chasse, mais ne parviennent pas à les rattraper.

L'ISSUE DE LA BATAILLE

Vers 17 heures, les combats ont presque cessé. La victoire est déjà acquise aux chrétiens et les musulmans qui combattent encore le font uniquement parce qu'ils n'ont aucune ouverture qui leur permettrait de prendre la fuite. D'après certains témoignages, les Ottomans, ayant épuisé leurs munitions, n'ont d'autre choix que de lancer leurs provisions sur l'ennemi, ne suscitant chez lui que rire et dédain.

La liesse n'est cependant que de courte durée. Parmi les débris, on compte 12 vaisseaux chrétiens. Bien qu'elle ait remporté la victoire, le bilan est lourd pour la Sainte Ligue : on dénombre environ 7 500 morts et près de 20 000 blessés.

Côté musulman, la débâcle est totale. La flotte ottomane est presque entièrement anéantie, et la bataille a fait près de 30 000 victimes, morts ou blessés, sans compter les 3 500 prisonniers. Par ailleurs, les chrétiens ont libéré environ 15 000 esclaves.

Ainsi, malgré l'avantage numérique des Ottomans, la victoire chrétienne est complète. Seuls quelques bâtiments ottomans, guidés par Uludj Ali, parviennent à réchapper de la bataille. Plusieurs facteurs ont permis cette victoire :

- premièrement, le grand amiral de la flotte ottomane est inexpérimenté. Soldat de terre, il fait ses premières armes sur mer avec la conquête de Chypre. Ce manque d'expérience explique peut-être la raison pour laquelle, le 7 octobre 1571, il décide d'aller au-devant de l'ennemi, au lieu de rester sous le couvert des remparts fortifiés et dotés d'artillerie du port de Lépante ;
- deuxièmement, l'équipage de la flotte ottomane est très affaibli. Parcourant la Méditerranée depuis plus d'un an, il n'a pas eu l'occasion de se reposer. En résultent la maladie, les accidents, et une démotivation qui provoque la désertion de nombreux hommes ;
- à ces facteurs de faiblesse chez les Ottomans s'ajoute l'écrasante supériorité de la flotte chrétienne en termes de puissance de feu. Avec leurs six galéasses et les innombrables arquebuses dont sont équipés leurs hommes,

les Occidentaux ont en effet largement compensé leur infériorité numérique, s'assurant la victoire.

RÉPERCUSSIONS DE LA BATAILLE

DISSENSIONS AU SEIN DE LA SAINTE LIGUE

Au lendemain de la bataille, on croit, en Occident, à la fin de l'Empire ottoman. Celui-ci est en effet privé de sa terrible flotte, a des milliers de kilomètres de côtes à défendre, et doit faire face aux soulèvements de nombreuses populations qui, ayant appris l'issue de la bataille de Lépante, se rebellent violemment. Après plus d'un siècle de domination absolue en Méditerranée, les Ottomans semblent pour la première fois vulnérables. Le moment parait donc idéal pour leur porter un coup fatal.

Mais c'est sans compter les dissensions qui minent la Sainte Ligue. Si Espagnols et Vénitiens sont parvenus à s'unir pour une cause commune le temps d'une bataille, dès le lendemain du combat, les querelles reprennent avec plus de vigueur. Les vainqueurs se disputent les prisonniers et le butin de guerre, et chacun veut s'attribuer le mérite de la victoire.

Alors que tout le monde rejoint ses terres pour l'hiver, la situation ne s'arrange pas et l'on ne parvient pas à se mettre d'accord sur les suites à donner à la victoire. Chacun a ses intérêts propres, et l'Espagne en particulier ne désire pas se porter plus loin en Méditerranée orientale. Cette situation explique pourquoi, le 1ᵉʳ mai 1572, l'expédition annuelle de la Sainte Ligue contre les Ottomans n'a pas encore pris le large. Or, à cette date, la chrétienté apprend avec stupeur le décès du pape Pie V. La Sainte Ligue ne lui survivra pas : tous reviennent à leurs préoccupations personnelles et le rêve d'en finir une fois pour toutes avec les Ottomans s'effondre.

LA FIN DE L'EXPANSIONNISME OTTOMAN

De leur côté, les Ottomans se sont déjà rétablis. Avec toute son énergie et son intelligence, le grand vizir (conseiller) de Selim II, Mehmet Sokollu (1505-1579), a en effet très rapidement pris les choses en main et veillé à la réorganisation de l'empire. Le commandement de la flotte a été confié à Uludj Ali, les chantiers navals ont tourné à plein régime et les révoltes ont été réprimées dans le sang. Si bien que, dès 1572, l'empire offre à l'Occident le spectacle de sa nouvelle flotte, plus nombreuse et impressionnante encore qu'avant la bataille de Lépante.

Malgré cette vigueur retrouvée, les Ottomans semblent désormais hésiter à provoquer l'Occident. Ainsi, la bataille de Lépante a mis un terme à leur expansionnisme et, en 1574, leur reconquête de Tunis (prise par don Juan en 1573) marque le dernier fait d'armes important de la flotte ottomane en Méditerranée.

Un an auparavant, ils ont même signé un traité de paix avec les Vénitiens qui, en échange de la reprise de leurs activités marchandes, ont été contraints de leur céder Chypre. Cette cession est lourde de conséquences pour l'île. Les Ottomans y installent des paysans anatoliens, créant ainsi une communauté chypriote turque qui entrera en conflit avec la communauté grecque de l'île des années plus tard. La situation ne s'arrange guère au fil du temps puisqu'en 1974 Chypre est scindée en deux et reste aujourd'hui encore le dernier pays divisé d'Europe.

De même, en 1578, les Espagnols signent à leur tour une trêve avec les musulmans : ils peuvent désormais se concentrer sur l'Atlantique, après s'être assurés que leurs bases en Méditerranée occidentale ne seront plus menacées par les Ottomans.

Si pendant longtemps les historiens occidentaux ont consacré la bataille de Lépante comme l'élément déclencheur de la chute progressive de l'Empire ottoman, il semble qu'elle ait surtout marqué un revirement dans les mentalités : le temps des croisades n'est plus, et ni l'Orient ni l'Occident n'aspirent désormais à un affronte-ment d'envergure, alors que leurs intérêts les portent dans des directions différentes. L'Espagne se tourne résolument vers l'Atlantique, Venise cherche à rétablir ses affaires commerciales, et l'Empire ottoman est, quant à lui, trop occupé par ses affaires intérieures pour poursuivre son avancée en Méditerranée.

EN RÉSUMÉ

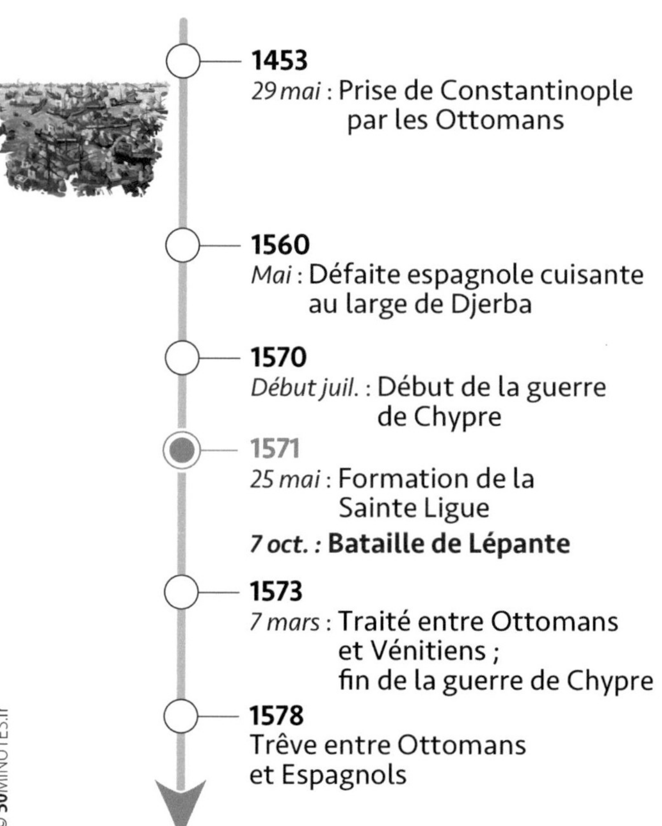

1453
29 mai : Prise de Constantinople
par les Ottomans

1560
Mai : Défaite espagnole cuisante
au large de Djerba

1570
Début juil. : Début de la guerre
de Chypre

1571
25 mai : Formation de la
Sainte Ligue

7 oct. : **Bataille de Lépante**

1573
7 mars : Traité entre Ottomans
et Vénitiens ;
fin de la guerre de Chypre

1578
Trêve entre Ottomans
et Espagnols

- Depuis la prise de Constantinople par les Turcs en 1453, l'Empire ottoman multiplie les attaques contre les chrétiens, ne cessant de piller les villes et les villages, dans le but d'étendre son territoire en Europe.

- Décidé à contrer les Ottomans, le pape Pie v souhaite lancer une véritable croisade visant à freiner leur expansion. Un an plus tard, la Sainte Ligue est formée et ses membres s'engagent à fournir, chaque année, des navires afin de créer une flotte pour les combattre.

- Au matin du 7 octobre 1571, les flottes chrétienne et ottomane se croisent dans le golfe de Patras. Le grand amiral ottoman Ali Pacha fait alors tirer une salve d'artillerie, à laquelle don Juan d'Autriche répond : la bataille commence.

- Les hostilités s'ouvrent au nord où l'aile droite ottomane affronte les galéasses vénitiennes. Les batteries flottantes ouvrent le feu, déconcertant les Ottomans par leur puissance de feu.

- En début d'après-midi, au centre, les galères de don Juan, du représentant du pape Pie V et de Sebastiano Veniero affrontent celles d'Ali Pacha. Ce dernier est décapité au cours du combat.

- Peu après, au sud, Uludj Ali entreprend de sortir du golfe pour prendre à revers la flotte chrétienne, mettant Giovanni Andrea Doria en difficulté. Voyant cela, les chrétiens envoient des renforts. Uludj Ali prend la fuite.
- Au même moment, au nord, les Ottomans sont pris en tenaille entre l'aile gauche et les deux galéasses chrétiennes : ils sont vaincus par la Sainte Ligue.
- Vers 17 heures, les combats cessent peu à peu : la victoire est acquise aux chrétiens.
- La bataille se clôt sur un bilan désastreux : du côté ottoman, on dénombre environ 30 000 morts et blessés, tandis que les chrétiens en comptent 7 500.
- Plus qu'une victoire chrétienne, la bataille de Lépante signe également la fin du temps des croisades et des velléités expansionnistes ottomanes.

Votre avis nous intéresse !
Laissez un commentaire sur le site de votre
librairie en ligne et partagez vos coups de cœur sur
les réseaux sociaux !

POUR ALLER PLUS LOIN

SOURCES BIBLIOGRAPHIQUES

- BURESI (Pascal), « Lépante Bataille de (1571) », sur Encyclopædia Universalis, consulté le 19 août 2013. http://www.universalis.fr/encyclopedie/bataille-de-lepante

- HÉLIE (Jérôme), *Les relations internationales dans l'Europe moderne. 1453-1789*, Paris, Armand Colin, coll. « U Histoire », 2008.

- LESURE (Michel), *Lépante. La crise de l'Empire ottoman*, Paris, Gallimard, coll. « Folio histoire », 1972.

- MANTRAN (Robert), *Histoire de l'Empire ottoman*, Paris, Fayard, 1989.

- MARTINEZ MONTÁVEZ (Pedro) et RUÍZ BRAVO-VILLASANTE (Carmen), *L'islam en Europe. L'essor, le déclin et l'héritage d'une civilisation*, Bruxelles, La Renaissance du Livre, 1991.

- PÉREZ (Joseph), *L'Espagne du XVIIe siècle*, Paris, Armand Colin, coll. « U Histoire », 1998.

SOURCES COMPLÉMENTAIRES

- BARBERO (Alessandro), *La bataille des trois empires. Lépante, 1571*, Paris, Flammarion, coll. « Au fil de l'histoire », 2012.

- BOIS (Jean-Pierre), *Don Juan d'Autriche*, Paris, Tallandier, coll. « Biographies », 2008.

- CHARLES-ROUX (Edmonde), *Don Juan d'Autriche. Bâtard de Charles Quint*, Paris, Racine, coll. « Les racines de l'histoire », 2003.

- CROUZET-PAVAN (Élisabeth), *Venise triomphante. Les horizons d'un mythe*, Paris, Albin Michel, 1999.

- DE HAËDO (Diego), *Histoire des rois d'Alger*, Éditions Grand-Alger-Livres, Alger, 2004.

- DE LA GRAVIÈRE (Edmond Jurien), *La guerre de Chypre et la Bataille de Lépante*, Moncrabeau, Laville, coll. « Les batailles essentielles », 2011.

- DOUMERC (Bernard), *Venise et son empire en Méditerranée. IXe – XVe siècle*, Paris, Ellipses, 2012.

- GUERDAN (René), *La Sérénissime. Histoire de la République de Venise*, Paris, Fayard, coll. « Les grandes études historiques », 1971.

- CHAPIN LANE (Frédéric), *Navires et constructeurs à Venise pendant la Renaissance*, Paris, S.E.V.P.E.N., 1965.

- LEWIS (Bernard) et Thoraval (Yves), *Istanbul et la civilisation ottomane*, Paris, Éditions JC Lattès, 1990.

- PIGAILLEM (Henri), *Bataille de Lépante (1571)*, Paris, Éditions Economica, coll. « Campagnes & stratégies », 2003.

- SOLNON (Jean-François), *Le turban et la stambouline. L'Empire ottoman et l'Europe, XIV-XXe siècle, affrontement et fascination réciproques*, Paris, Perrin, 2009.

- TERNON (Yves), *Empire ottoman. Le déclin, la chute, l'effacement*, Éditions du Félin, coll. « Félin poche», 2002.

- VERGÉ-FRANCESCHI (Michel), *Dictionnaire d'histoire maritime*, Paris, Robert Laffont, coll. « Bouquins », 2002.

- ZYSBERG (André) et BURLET (René), *Venise. La Sérénissime et la mer*, Paris, Gallimard, coll. « Découverte Gallimard – Histoire », 2000.

ICONOGRAPHIE

- *Allégorie de la bataille de Lépante*, tableau de Paolo Caliari, dit le Véronèse (peintre italien, 1528-1588), 1572, conservée à la Gallerie dell'Accademia à Venise (Italie).

- *Après la victoire de Lépante, Felipe II propose le prince Fernando au Ciel*, tableau de Tiziano

Vecellio, dit Titien (peintre italien, 1488-1576), 1575, conservé au Musée National du Prado à Madrid (Espagne).

- Bas-relief de Pietro Paolo Olivieri au tombeau du pape Pie V, à Rome, XVIe siècle, conservé à la Basilique Santa Maria-Maggiore à Rome (Italie).

- *Bataille de Lépante*, estampe d'Adriaen Collaert (graveur flamand, 1560-1618), XVIe siècle, conservée à la Bibliothèque nationale de France à Paris.

- *La bataille de Lépante*, tableau d'Andrea Vicentino (peintre italien, 1542-1618), 1603, conservé au Palais des Doges à Venise (Italie).

- *La Vision de saint Pie V*, tableau de Lazzaro Baldi (graveur et peintre italien, 1624-1703), 1673, conservé au Collegio Ghislieri à Pavie (Italie).

- Réplique de la *Reale*, le navire-amiral utilisé à Lépante par don Juan d'Autriche, XXe siècle, conservé au Musée de la marine à Barcelone (Espagne).

DOCUMENTAIRES

- *La Bataille de Lépante*, documentaire de Marc Brasse, Allemagne, 2004.

- *Lépante 1571*, documentaire de Stefano Roncoroni, France, 1977.

ISBN ebook : 978-2-8062-5393-4
ISBN papier : 978-2-8062-5573-0
Dépôt légal : D/2014/12603/4
Photo de couverture : ©Anonyme *Bataille de Lépante*,
L'image reproduite est réputée libre de droits.

Conception numérique : Primento,
le partenaire numérique des éditeurs